Lb 51 1051

AF246599

SOUSCRIPTION

EN FAVEUR

DES

EX-PENSIONNAIRES

DE

LA LISTE CIVILE.

Non ignara mali miseris succurrere disco.

J'aime mieux ma famille que moi-même ;
j'aime mieux ma patrie que ma famille ; mais
j'aime encore mieux le genre humain que ma
patrie.　　　　FÉNÉLON.

PARIS,

DE L'IMPRIMERIE D'A. PIHAN DELAFOREST,

RUE DES NOYERS, No 37.

La note suivante a été communiquée aux journaux de la capitale, le 16 novembre 1831.

La compagnie de grenadiers du 2ᵉ bataillon de la 10ᵉ légion a offert hier un banquet à M. Charlet, son digne capitaine ; la plus franche cordialité a présidée à cette fraternelle réunion, où toutes les

opinions étaient confondues dans un même sentiment de dévouement à la patrie.

Soulager la misère et la souffrance, sans distinc-
tion de personnes et de parti, est toujours le moyen
le plus noble et le plus certain de prouver l'indisso-
luble union des membres de la garde nationale ;
aussi un jeune avocat, M. Alphonse de B.....,
bien pénétré des pensées généreuses qui animent
tous ses camarades, a-t-il conçu l'idée d'une souscription en faveur de ceux des ex-pensionnaires de
la liste civile que les circonstances ont réduits à la
plus profonde misère.

M. Charlet, si connu par son crayon spirituel
et dont l'ame plus digne encore d'être appréciée
se prête rapidement à tout ce qui tend à adoucir
toutes les infortunes, a bien voulu que son nom
fût inscrit en tête de cette souscription qui pourrait
être ouverte au bureau de tous les journaux qui
s'empresseraient sans doute de lui donner toute la
publicité désirable.

Mon Dieu, faites de moi ce que vous
feriez, si j'étais à votre place et que vous
fussiez à la mienne.

Fais ce que dois, advienne que pourra.

MESSIEURS ET CAMARADES[1],

Ces lignes, écrites à la hâte, auraient eu le bonheur de l'improvisation, si, à juste raison, je n'avais trop craint l'émotion que j'étais sûr d'éprouver.

Chacun de vous répéterait sans doute ici avec une noble indépendance ce vers de Molière :

Nous vivons sous un prince ennemi de la fraude.

---

[1] La crainte de troubler la gaîté qui n'a cessé de régner pendant le repas de corps dont il vient d'être parlé, a pu seule empêcher d'adresser cette allocution en faveur du projet de souscription à laquelle les journaux ont ouvert leurs colonnes.

Moi, Messieurs, me servant de Racine, je ferai sonner à vos oreilles ces paroles d'un homme de cœur, que l'immortel auteur d'*Athalie* a mises dans la bouche de Burrhus, je veux dire que je m'exprimerai avec la sincérité

D'un soldat qui sait mal farder la vérité.

Et d'abord, ne serait-il pas aussi faux de dire que j'ai quêté l'honneur de faire partie de votre réunion, que de s'imaginer lire sur des lèvres satyriques que ce sont MM. les sous-officiers et autres de notre compagnie qui ont quêté un couvert de plus ?

Non, Messieurs, la juste reconnaissance que nous devons tous au brave et loyal capitaine que nous sommes heureux et fiers d'avoir à notre tête, ainsi que le sentiment d'estime, oui, Messieurs, d'estime, que je veux arracher à ce qu'il y a de plus intime, de plus généreux au fond de vos pensées, me dispenseront également de chercher davantage à éloigner de vos esprits une idée aussi opposée à ce que mutuellement nous nous devons et les uns et les autres.

Mais avant d'aller plus loin, que suis-je donc pour oser prendre la parole?

Si quelques-uns d'entre vous, Messieurs, veulent bien se rappeler que depuis les évènemens de juillet, constamment j'ai suivi le même drapeau qu'eux; s'ils se souviennent m'avoir coudoyé à toutes les revues, plus encore là où il pouvait y avoir un sang à verser honorablement pour ma patrie, la vérité seule me sacrera à vos yeux du titre flatteur de camarade.

Je veux plus encore, Messieurs, aujourd'hui, je veux non pas solliciter mais commander votre estime. Permettez-moi de m'expliquer, daignez surtout vous rappeler une devise qui nous est commune : *Ordre public et Liberté!* Je puis d'avance, quant à moi, vous assurer que je n'attends d'expressions que de sentimens puisés dans ce que j'entends par le plus pur honneur, dans ce que je comprends, moi, comme amour de sa patrie.

En 93, Messieurs, si un jeune homme de 25 ans, comme moi, se fut écrié en public :

« Rien de plus religieux que le fond de « mon ame !

« Rien de plus dévoué à ma patrie que « mon cœur !.. »

Peut-être lui eût-on pardonné sa première déclaration en faveur de la seconde.

Mais, Messieurs, s'il n'eut pas craint d'ajouter, avide du plus honorable des martyrs :

« Je crois avoir affaire ici à des gens de « plus de cœur encore que de sang, je ne « craindrai donc pas de crier à haute voix :

« Oui, j'aurais mille fois donné ma vie « pour arracher l'infortuné Louis XVI à « l'échafaud !!! »

Certes, Messieurs, aussitôt une rage qu'aiguillonnait de plus en plus l'infâme mépris qu'aux yeux de tous les gens de bien elle s'attirait chaque jour, eût armé de mille poignards homicides, des mains qui, n'ayant pas reculé devant le meurtre de leur roi, n'eussent pas balancé un seul instant en face d'un de ses plus fidèles sujets.

Mais, Messieurs, n'allez pas croire que je veuille désillusionner toutes vos espérances généreuses, en reportant vos esprits vers des souvenirs si déchirans, et dont heureusement nos uniformes tout neufs n'ont pu être les déplorables témoins.

L'esprit public s'est montré plus éclairé dans les circonstances présentes, et si quelque chose pouvait ramener des ames que domineront toujours exclusivement et leurs sentimens de religion , et leurs sentimens de devoir, de fidélité, de reconnaissance , Messieurs ! certes, le spectacle inoui jusqu'en 1830, d'un bouleversement total, sans que le sang d'un innocent aux yeux de l'opinion publique du moins, si ce n'est à ceux de la raison, ait été répandu, devrait exercer une puissante influence sur leurs opinions, si ces opinions, Messieurs, n'avaient pas pour origine, pour source , un sentiment impérissable , qui tient à la nature humaine , à notre principe comme à notre fin ici bas.

Les Blancs , ainsi que le disait Bonaparte ce génie militaire incarné, qui a teint d'un sang si glorieux, la plupart de ces rubans auxquels sont appendues ces croix , celles-là si méritées, que je vois brillant comme les actions mêmes qu'elles couronnent, sur ces poitrines d'honneur qui s'agiteront toujours au souvenir de tant d'immortels hauts-faits trop arrosés de sang français! les Blancs, disait-il, resteront toujours Blancs; et il leur pardonnait leur fidélité au malheur. Ma famille, Messieurs, restera donc toujours dévouée de cœur de reconnaissance à cette race des Bourbons qui , durant huit siècles entiers, a commandé l'estime, le respect de tous ses ennemis et l'amour de tous les Français !

 Messieurs, si ce bon et loyal Henri IV, venait en ce moment s'étonner de ne plus se reconnaître sur cette effigie sacrée qui semble si bien à sa place sur le noble cœur de notre capitaine , certes, en voyant une aussi franche et joviale figure (eût-il même le malheur de porter encore son vieux panache blanc), vous ne pourriez pas vous empêcher de lui offrir un verre et de trinquer avec lui peut-être; quant à moi je confesse que je n'y résisterais pas , et dussiez-vous m'arracher mes épaulettes et me baillonner la bouche, je crois que tout bas à l'oreille, de manière cependant à lui fendre la tête mais non le cœur, je crierais : Vive Henri IV ! vive ce roi vaillant.....

Mais je m'arrête, Messieurs, je n'abuserai pas d'une noble tolérance qui vous honore à mes yeux au plus haut degré , et si quelqu'un de vous commençait ici la *Parisienne*, ce chant de l'époque qui a remplacé cet air qu'entonnait autrefois la France entière , parce que toute la France partageait également les sentimens d'amour qu'il exprimait, certes, je l'écouterais avec un respectueux silence.

Cependant, Messieurs, laissons Henri IV sur le Pont-Neuf avec son drapeau tricolore, drapeau qu'une de mes petites sœurs s'étonnait un jour de voir revenu à sa couleur primitive, le temps et la pluie y ayant aidé, et revenons à ce moment présent où tous les cœurs se lient, se confondent et tendent une main reconnaissante au brave capitaine Charlet.

Il n'y a que ceux qui ne le connaissent pas, Messieurs, qui pourraient s'étonner de la franche cordialité dans laquelle tous ses camarades-soldats vivent avec lui.

Si je dis camarades-soldats, vous m'avez compris, Messieurs, car tous, vous savez aussi bien que moi, que jamais personne ne sut allier autant d'amabilité avec un aussi constant désir de discipline; officier sut-il jamais faire autant aimer le commandement?... et quand il est à notre tête avec ses deux épaulettes, son bonnet de troupier fini et ses favoris épais, ne semble-t-il pas, au silence si rare en général dans nos rangs, mais enfin qu'il obtient parfois, que chacun de nous épie un ordre, comme un désir personnel à satisfaire.

Après vous avoir dit un mot, Messieurs et camarades, de la vive reconnaissance qui nous lie à notre capitaine, vous me permettrez, peut-être pour donner à mes paroles tout le prix qu'elles peuvent avoir, de retourner la personnalité de la personne à laquelle elle s'est adressée, à celle-là même de qui elle est partie, et j'espère, si vous daignez m'accorder encore quelques minutes, vous prouver tout à la fois, qu'on peut ne pas porter la croix de juillet sur la poitrine, et cependant être dévoué de sang et de cœur à son pays, et de plus, qu'une bouche jeune encore, Messieurs, n'était pas indigne peut-être de l'honneur qu'elle a ambitionné, en se constituant l'organe de tous ses camarades.

Le 4 août 1830, au moment où se précipitaient vers Rambouillet ces colonnes armées qui, toutes fumantes encore de la chaleur du sang qu'avaient versé leurs frères, allaient faire retomber une vengeance terrible sur toute une famille plus malheureuse que coupable!....

Oui, Messieurs, plus malheureuse que coupable, car en dépit des efforts de la haine et de l'envie, l'histoire, l'impartiale histoire, est là pour proclamer au monde entier que les Bourbons, ainsi que je le disais tout à l'heure, ont constitué et rendu heureux ce noble pays de France, si riche de souvenirs de gloire et de bonheur immortellement liés à leur nom.

Oui, Messieurs, Louis XVI en montant sur l'échafaud ne pleurait que les malheurs d'un pays dont son cœur paternel avait rêvé l'amélioration avec plus de générosité que de mesure;

Oui, Messieurs, Louis XVIII voulait le bonheur de la France, oui, Messieurs, son successeur !!!! Mais la mort n'a pas encore réduit en poussière cet épais tourbillon des passions de l'époque, et j'allais anticiper sur l'histoire en protestant contre des dires qu'il faut encore savoir pardonner à ceux qui pleurent un ami, un frère, une sœur, un père peut-être !

Je reviens à ce qui me touche personnellement ; le 4 août, au moment donc où je savais que mes amis, mes parens, mon oncle, mes frères, MON PÈRE ! allaient avec bonheur répandre jusqu'à la dernière goutte de leur sang pour une royale famille dont ils avaient juré, ainsi que moi, Messieurs, comme avocat de protéger les jours, je ne pus pas, moi, digne je l'espère d'être votre camarade ; je ne pus pas, dis-je, rester spectateur indifférent du drame rapide qui, comme un éclair au travers d'un nuage de sang, allait achever de sillonner la France.

Je cours donc au Palais-Royal, je vais droit à l'officier de garde nationale (dont je suis maintenant le camarade), qui commandait le poste ; je découvre ma poitrine, et m'écrie : « Il faut absolument que je parle « à l'instant même au duc d'Orléans, vite « fouillez-moi, fouillez-moi si vous pouvez « supposer qu'à 24 ans, autre chose qu'un « désir généreux puisse faire battre un cœur « noble de naissance, mais qui veut témoi- « gner aujourd'hui de son origine ; un cœur « plein de vie enfin, et brûlant de donner « ses jours pour le devoir le plus conscien- « cieux, pour un sentiment qui se lie avec

« bonheur à une cause aussi malheureuse
« que digne d'un meilleur sort. »

Il paraît, Messieurs, que le ciel permit
que ma voix répondit au sentiment qui me
faisait et parler et agir, car cet officier,
un Charlet sans doute, refusant de passer
la main sur moi, me fit aussitôt conduire
aux appartemens du prince.

Là, une obstination en quelque sorte sur-
humaine, décida enfin le duc d'Orléans à me
recevoir.

« Prince, lui dis-je, je me nomme Al-
« phonse de B.....; mon père, mes frères,
« mon oncle, sont officiers dans la maison
« du roi; la dernière goutte de leur sang
« sera versée avec bonheur pour sauver les
« jours des membres de votre famille qui,
« moins heureux que vous, ne sont pas
« même protégés par une reconnaissance de
« huit siècles de bienfaits sans nombre,
« contre une erreur dont des ministres seuls
« auraient dû porter le châtiment. Je brûle
« du désir d'unir mon sang à une cause pour
« laquelle il sera si honorablement versé.
« De grâce, de grâce, donnez-moi un che-
« val et un ordre signé de vous, *comme*
« *lieutenant-général du royaume*, qui m'as-

« surant la protection des autorités , me
« fournisse ainsi la possibilité de sacrifier
« utilement peut-être et mon existence et
« celle de tous les jeunes cœurs qui , jaloux
« de s'unir à un dévouement dont mon ame
« s'abreuve avec tant de bonheur, empê-
« cheront mon malheureux pays de souiller
« les pages de son histoire d'un nouveau
« régicide, ou du moins ne survivront pas
« à cette sanglante honte !.... »

Je dois déclarer, Messieurs, que le duc
d'Orléans , devenu depuis roi des Français,
me reçut avec la plus grande noblesse, la
plus entière bienveillance.

« Jeune homme, dit-il (je crois encore et
« le voir et l'entendre), votre conduite est
« grande et noble, votre dévouement est
« généreux. Je regrette , oui , je regrette
« *infiniment* de ne pas pouvoir vous accorder
« ce que vous me demandez. » Et aussitôt il
se retira.

Mon sang bouillonnait : « Comment se
peut-il faire, criai-je à M. le vicomte de
R......, resté seul avec moi, que le duc
d'Orléans puisse se préparer peut-être un
remords sanglant pour l'avenir? »

Et en effet, Messieurs, si le malheur de

la France eût voulu que le sang royal de l'ex-famille de nos rois eût coulé, n'eussé-je donc pas pu venir lui dire :

« Prince, rappelez-vous le 4 août 1830. Ah ! rougissez donc maintenant de ma propre existence, rougissez de votre refus ! Ah ! arrachez - moi donc cette vie qui désormais ne peut plus m'être qu'à charge ; mon ame ne vous pardonnera jamais d'avoir arrêté l'effusion généreuse d'un sang voué à ma patrie ! »

Resté seul à Paris pour soutenir une famille nombreuse , sans fortune aucune, je fus donc forcé de renoncer, comme simple particulier, à un projet qui n'eût semblé n'être sorti que d'une tête envieuse du sacrifice honorable sans doute de sa vie ; mais, par un devoir de position, je la devais consacrer avant tout, cette vie, à ma famille, dès l'instant où je n'entrevoyais plus la possibilité de la donner utilement.

Pourriez-vous croire, Messieurs, qu'un sentiment d'amour-propre , de vaine gloire, ait uniquement dicté cette confidence qui m'est toute personnelle.

Non, Messieurs, je l'espère , vous me rendrez la justice que je crois mériter , et

2

alors vous ne vous étonnerez pas plus de ce que j'aie voulu donner ma vie pour la royale et infortunée famille qui a quitté la France, *sa patrie*, que pour assurer dans mon pays le cours de la justice durant le procès des ministres auteurs des fatales ordonnances ; Monsieur le vicomte de Martignac pourrait ici témoigner de la vérité de mes paroles.

Vous ne vous étonnerez pas plus, enfin, de ce que j'aie voulu sacrifier ma vie dans ces deux circonstances, que vous ne vous étonnerez de me la voir sacrifier à vos côtés pour le roi des Français, alors qu'il restera fidèle au serment qui garantit tous les droits des hommes consciencieux, à quelque opinion qu'ils puissent appartenir.

Profondément touché, Messieurs, de l'honneur qui, si jeune encore, m'a fait asseoir auprès de vous, j'ai cru devoir vous prouver que j'en étais digne. Si ma plus vive espérance ne se réalisait pas, je me contenterais encore du témoignage qui toute ma vie l'emportera sur celui même de la majorité, je veux parler de celui de ma conscience qui, pure jusqu'à ce jour, avec l'aide de Dieu restera toujours telle , je l'espère.

Ne pouvant croire avoir excité votre sympathie, aurais-je du moins , Messieurs , remué chez vous ces sentimens qui sont communs à tous les hommes ?

S'il en était ainsi, j'oserais alors vous adresser, en terminant, une demande qui, je l'espère, tout en faisant rougir un instant, peut-être , la susceptibilité de vos opinions , toucherait vivement néanmoins vos cœurs généreux.

Je ne crois pas, au reste, avoir besoin de jurer devant Dieu que cette demande n'a rien qui puisse m'être personnelle, ni concerner ma famille, *aucun de vous , Messieurs , je le pense du moins , ne croirait me faire impunément une aussi mortelle injure.*

Vous savez que des esprits, encore ébranlés par la commotion violente qui a agité la capitale, ont peine à s'expliquer comment un roi de leur choix, un roi élu, peut réclamer, à l'instar d'un roi qui ne tiendrait sa couronne que de son droit de naissance, peut réclamer, dis-je, une liste civile dont ses goûts de simple citoyen et en quelque façon bourgeois , passez-moi cette expression, sembleraient devoir permettre la suppression.

Mais, Messieurs, vous aimez sans doute à supposer que sous une tête que vous avez jugée digne d'une couronne bat un cœur généreux, et il ne voit sans doute ce roi citoyen dans l'obtention de cette liste civile, que la possibilité qui lui serait alors offerte, d'essuyer tant de larmes amères, qu'il lui coûte chaque jour de voir répandre; il ne voit sans doute que la possibilité, dis-je, de fournir à de nombreuses familles aussi malheureuses qu'honorables, Messieurs, dénuées non-seulement de toute espèce de ressources, mais même manquant d'un pain nécessaire!!... Ah Messieurs! il ne s'agit pas ici d'équipages à entretenir, de noms à soutenir, non non, c'est l'existence, c'est la vie, que dis-je, c'est plus encore que la vie, c'est l'*honneur*, peut-être, de leurs filles, que par ma bouche dés femmes des mères de famille implorent aujourd'hui ; et leurs titres à votre générosité, elles les puisent dans le prix de sang versé, de services rendus à notre commune patrie par leurs maris, leurs pères!! Messieurs, pas un de vous ici n'est ou fils ou frère, je sens donc que je dois arriver à vos cœurs !

Vous surtout qui avez versé votre sang en juillet, *vous pour qui j'ai souscrit*, moi, quoique d'une opinion toute opposée à la vôtre, ah! vous ne vous étonnerez pas de ce qu'on meurt pour son Pays, pour son Roi, pour sa Patrie, pour ses sentimens, et si une conviction basée sur d'autres motifs ne vous permet que de plaindre d'honorables malheurs, elle ne glacera pas du moins vos ames généreuses.

J'en ai pour garant cette sympathie grande et éclairée qui est en dehors de toutes les opinions, de tous les rangs, de tous les âges, de tous les temps ; je veux parler de la sympathie qui lie à jamais entre eux , tous les gens qui portent un noble cœur d'homme!

Je termine, Messieurs, j'ai pour toute fortune une place de 1,800 francs ; je m'engage aujourd'hui à verser 20 francs entre les mains de celui d'entre nous que vous désignerez, pour le secours de ces infortunées *mères et filles pensionnaires de la liste civile,* qui, moins heureuses que ma famille à moi , n'ont pas même *un fils, un frère,* pour pourvoir à leur existence.

5o centimes, Messieurs, seront reçus comme 5 francs, et je crois que le souvenir de ce don de la plus noble tolérance politique à de malheureuses et innocentes victimes d'une révolution récente, pourra se tracer au fond de votre ame de manière à vous grandir vous-mêmes à vos propres yeux, vous leur auriez ainsi procuré, en donnant un exemple qui trouvera de l'écho dans toute ame généreuse, la possibilité d'attendre que les chambres fournissent légalement à des besoins aussi pressans que sacrés, et dès-lors, Messieurs, certes vous ne pourriez pas m'en vouloir de m'être laissé aller à un sentiment que vous partageriez.

Je trouve trop profondément au fond de mon cœur la conviction que je vous desire, pour que je puisse encore penser qu'afin de vous arracher un secours si mérité, Messieurs, si honorable à accorder ! j'aie besoin de vous dévoiler un haut exemple de tolérance politique, si noble, si éclairé, si généreux, donné récemment par un homme dont, à coup sur, vous ne rougirez pas, vous, qui partagez ses sentimens, par le général de La Fayette. Mais je m'arrête ; si je n'ai pas craint de braver la pudeur de mes propres sentimens, je dois au moins respecter celle des autres.

Puissé-je cependant n'avoir pas en vain prononcé ni son nom ni d'abord celui de *Louis Philippe*. Je compte sur le cœur, sur les vertus de la reine, que je sais en ce moment ne faire qu'aider dans ses généreux desirs.

Quant aux jeunes princes de la famille royale, celui qui si franchement a offert son régiment à une princesse dont les malheurs sembleraient avoir épuisé le courage, me répond de son noble concours et m'assure celui de ses frères et de ses sœurs.

Dans un banquet devenu malheureusement trop célèbre, de jeunes imprudens, égarés par leur imagination passionnée, n'ont pas craint de brandir publiquement des poignards régicides ! ! !....

Moi, Messieurs, je n'oublierai jamais ainsi, ce que je dois à ma religion, à mon pays, à mes camarades, à ma famille, A MOI-MÊME. Si ce soir j'ai été imprudent, ah ! Messieurs, cette faute généreuse ne peut retomber que sur moi, moi seul en porterai la peine. Si tout au contraire le ciel dans ses fécondes inspirations, s'était servi de ma faible voix, comme d'un lien heureux qui par une souscription qui donnerait à la France le plus noble exemple de tolérance politique, réunirait une fois dans la vie des noms qu'on aurait à jamais cru devoir être séparés. Le dévouement de toute ma vie que je suis prêt à consacrer, de mon sang, serait le seul témoignage que je pusse vous offrir de ma reconnaissance, mais il serait digne de l'intérêt flatteur que vous m'auriez accordé.

ALPHONSE DE B.....

Rue du Bac, passage Sainte-Marie, n° 5,

A. PIHAN DELAFOREST,

IMPRIMEUR DE LA COUR DE CASSATION,

rue des Noyers, n° 37.

www.ingramcontent.com/pod-product-compliance
Lightning Source LLC
LaVergne TN
LVHW010127060726
842524LV00005B/1782